MEIN DICKES WITZE BUCH

ars

Mia ist sauer auf Pia. Als Pia nach Hause kommt, sagt Mia wütend: »Mit dir rede ich kein Wort mehr.« Daraufhin Pia: »Ist gut, aber mach's kurz, ich muss zum Schwimmen.«

Sitzen zwei Katzen vor einem Vogelkäfig. »Köstlich, Kanarienvogel«, sagt die eine. Meint die andere: »Das ist kein Kanarienvogel, der ist ja grün und nicht gelb.« Sagt die erste: »Wahrscheinlich ist er nur noch nicht reif.«

Der Briefträger sagt sauer zum Leuchtturmwärter Hans: »Wegen dieser dämlichen Postkarte musste ich jetzt die 88 Stufen zu dir raufsteigen.« Antwortet Hans: »Wenn du weiter meckerst, abonniere ich die Tageszeitung!«

»Luzie, was weißt du von den alten Römern?«, fragt die Lehrerin. Luzie überlegt kurz und sagt dann: »Sie sind alle tot.«

Bernhard wird beim Angeln erwischt. »Das kostet 10 Euro Strafe«, meint der Polizist, »hier ist Angeln verboten.« »Aber ich angle gar nicht«, erwidert Bernhard, »ich bade bloß meine Würmer.« »Dann hätte ich gerne 20 Euro von Ihnen«, meint der Polizist, »Baden ist hier nämlich strengstens verboten.«

Vor einer Schule ist für die Autofahrer ein Warnzeichen angebracht: »Überfahren Sie die Schulkinder nicht!«
Darunter hat jemand in krakeliger Schrift geschrieben: »Warten Sie lieber auf die Lehrer!«

Wo sitzen Kinder, wenn sie zur Schule gehen? Nirgends, sie gehen ja.

Schüler: »Herr Gosten, was heißt das, was Sie unter meinen Aufsatz geschrieben haben?«
Lehrer: »Du musst deutlicher schreiben!«

Lehrer zum Schüler: »Sag deinem Großvater, er soll morgen zu mir in die Schule kommen.«
»Nicht mein Vater?«
»Nein, ich möchte deinem Großvater zeigen, wie viele Fehler sein Sohn in deiner Hausaufgabe gemacht hat.«

Lehrer: »Hast du das Fahrrad vor der Schule gestohlen?«
Schüler: »Nein, ich war's nicht. Durchsuchen Sie mich ruhig gründlich.«

Herr und Frau Müller haben sich gestritten. Sie reden kein Wort mehr miteinander. Abends legt Frau Müller einen Zettel auf den Nachttisch ihres Mannes: »Weck mich morgen um 6.30 Uhr.« Am nächsten Tag findet sie, als sie um 8.30 Uhr aufwacht, einen Zettel auf ihrem Nachttisch: »Es ist jetzt genau 6.30 Uhr. Du musst aufstehen!«

»Mutti, kannst du mir sagen, wo Australien liegt?«
»Weit kann es nicht sein. In der Firma haben wir nämlich einen Australier, und der kommt jeden Morgen mit dem Fahrrad zur Arbeit.«

Frau Zester sitzt an ihrem Einkaufszettel: »Lina, kannst du bitte mal schauen, wie lange die Kinderzahnpasta noch reicht?«, ruft sie ihrer Tochter zu. »Klar, mach ich, Mama!«, ruft es zurück. Wenig später kommt Lina stolz zu ihrer Mutter gelaufen: »Also Mama, die Zahnpasta reicht noch genau vom Badezimmer bis zum Schrank im Schlafzimmer.«

Welchen Keks kann man nicht essen?

Den Scherzkeks

Welche Jagd ist für Tiere ungefährlich?

Die Schnitzeljagd

Was fängt an mit »Po«, hat 4 Buchstaben und man sitzt darauf?

Pony

Wo fliegt eine Wolke hin, wenn sie Juckreiz bekommt?

Zum Wolkenkratzer

An welchem Ort ist stets etwas geschehen?

Am Tatort

Welche Pillen verordnet kein Arzt?

Die Pupillen

Mit welchem Topf kann man nicht kochen?

Mit dem Blumentopf

Welcher Braten ist völlig ungenießbar?

Der Satansbraten

Wie nennt man einen Cowboy ohne Pferd?

Sattelschlepper

Es sind Sommerferien, aber leider ist es saukalt. Tröstet Lilli ihre Freundin: »Am Wochenende soll es aber 30 Grad werden.« »Echt?«, fragt Karla. »Ja«, sagt Lilli: »15 Grad am Samstag und 15 Grad am Sonntag.«

Mia und ihre Mutter gehen einkaufen. Mia fragt ihre Mutter: »Mama, kannst du mir drei Euro für einen alten Mann geben?« Die Mutter antwortet: »Ja, ich freue mich, wenn du anderen Menschen helfen möchtest. Wo ist denn der alte Mann?« Mia antwortet: »Er steht da vorne und verkauft Eis.«

Ein Mann mit einem Pinguin wird von einer Frau angesprochen: »Ja, wo haben Sie denn den Pinguin her?« Antwortet er: »Der ist mir zugelaufen, und jetzt weiß ich nicht, was ich mit ihm machen soll.« Meint die Frau: »Warum gehen Sie nicht einfach in den Zoo mit ihm?« »Gute Idee!«, bedankt sich der Mann. Später trifft die Frau wieder auf den Mann, immer noch mit Pinguin. »Wollten Sie mit dem Pinguin nicht in den Zoo?«, fragt sie. Sagt er: »Da waren wir schon. Jetzt gehen wir ins Kino.«

»Hast du schon gehört, dass die Sabine nicht mehr auf dem Obst- und Gemüsemarkt arbeitet?« »Warum denn, die ist doch so tüchtig?« »Ja schon, aber sie hat immer alle krummen Bananen weggeschmissen.«

Jan-Frederick strahlt: »Ich habe heute beim Wettschwimmen den ersten Preis gewonnen.« »Aber Jan-Frederick, das stimmt doch gar nicht, du hast doch den dritten Preis gewonnen.« »Aber ich hatte vorher doch noch keinen.«

Erster Schultag nach den Sommerferien. »Hallo Felix«, sagt Papa, als Felix nach Hause kommt, »ist alles gut gegangen heute?« Gibt Felix mürrisch zurück: »Offenbar nicht, ich muss nämlich morgen wieder hin.«

»Mutti, ich wünsch mir so ein Pony!« »Ich weiß nicht, Schatz, ob das gut ist.« »Ach bitte, Mutti, bitte!« »Na gut, Liebes, überredet. Wir gehen gleich morgen zum Friseur.«

Der Deutschlehrer wendet sich mit Begeisterung an seine Klasse: »Was geschah 1749?« Schweigen im Walde, also beantwortet der Lehrer seine Frage selbst: »Da wurde der große deutsche Dichter Johann Wolfgang von Goethe geboren. Und was geschah 1759?« Eine Stimme aus dem Hintergrund: »Da feierte Goethe seinen zehnten Geburtstag.«

»Der Lehrer beklagt sich über dich, Tim.«
»Das musst du nicht so eng sehen, Mama. Du sagst doch selbst immer: Heutzutage klagen alle Leute.«

Schülerin: »Wann wollen wir uns treffen?«
Klassenkamerad: »Mir ist es egal.«
Schülerin: »Und wo?«
Klassenkamerad: »Wo du willst.«
Schülerin: »Und um wie viel Uhr?«
Klassenkamerad: »Wann du willst.«
Schülerin: »Okay, bis dann!«

»Was hat du denn im Diktat geschrieben, mein Schatz?«
»Was du dir schon lange im Lotto wünschst: einen Sechser!«

Die Klasse macht einen Ausflug aufs Land und kommt an einer Schafherde vorbei. Der Lehrer erkundigt sich beim Schäfer: »Wie viele Schafe haben Sie ungefähr?«
Schäfer: »Genau 5378 Tiere.«
Lehrer: »Donnerwetter! Woher wissen Sie das so genau? Haben Sie einen Trick beim Zählen?«
Schäfer: »Ja, ich zähle die Beine und teile dann durch vier.«

Der junge Löwe jagt einen Touristen durch die Steppe. »Hör auf«, ruft da seine Mutter, »wie oft hab ich dir schon gesagt: Mit seinem Essen spielt man nicht.«

Bauer Larbig rät seinem Nachbarn: »Du solltest deinen Hahn schlachten, der schleicht immer so traurig in der Gegend rum.« »Meinst du, dass er dann lustiger wird?«, entgegnet der Nachbar.

Zwei Ameisen müssen ein Klavier in den zehnten Stock tragen. Da sagt eine Ameise plötzlich: »Ich habe eine gute und eine schlechte Nachricht. Zuerst die gute Nachricht: Wir sind im zehnten Stock. Die schlechte Nachricht ist: Wir sind im falschen Haus.«

Siham geht auf eine Restaurant-Toilette. Dort hört sie eine Mücke rufen: »Ich bin über dir und brauche Blut von dir.« Siham ruft zurück: »Ich bin unter dir und brauche Klopapier!«

Ein Löwe sitzt am Straßenrand. Kommt ein Ritter in voller Rüstung die Straße entlanggeritten. Denkt sich der Löwe: »Mist, schon wieder Dosenfutter!«

Fragt Fritzchen seinen Vater:
»Du, Papi, kannst du mir einen Gefallen tun und meinen Fußball holen gehen?«
»Na klar, wo ist er denn?«
»Momentan noch nebenan im Sportgeschäft!«

Der Trainer fragt den Einwechselspieler ungeduldig: »Hast du deine Fußballschuhe nun endlich angezogen?«
»Fast – es fehlt nur noch einer!«

Schon gehört? Die Post plant, einen portugiesischen Verein zu sponsern – den FC Porto.

Was unterscheidet einen Marienkäfer vom Tabellenletzten in der Bundesliga? – Der Marienkäfer hat mehr Punkte.

Lydia begleitet ihren Mann endlich mal ins Fußballstadion, doch sie kann sich für das Spiel nicht begeistern und rutscht auf ihrem Platz nervös hin und her. Sagt ihr Mann nach einiger Zeit:
»Kannst du nicht mal still sitzen?«
»Geht nicht, mein Hintern ist mir eingeschlafen.«
»Ja, ich habe ihn auch schon zweimal schnarchen gehört!«

Was fällt durch Glas, ohne dass dieses zerbricht?

Das Sonnenlicht

Welches Tier springt höher als der Kölner Dom?

Doofe Frage: Der Kölner Dom kann doch gar nicht springen.

Was hat ein Storch, der in einem Misthaufen landet?

Kotflügel

Oma, Opa, ihre drei Kinder, deren fünf Kinder und zwei Hunde stehen unter einem einzigen Regenschirm. Warum werden sie nicht nass?

Weil es nicht regnet

Wie kommt ein Nilpferd in eine Streichholzschachtel?

Vor dem Reinlegen die Streichhölzer rausnehmen!

Was sagt eine Schnecke, die auf einer Schildkröte reitet?

»Jipiiiiiie!«

Was sagt der Igel zum Kaktus?

Bist du es, Mami?

»Ihre Bremsen sind nicht in Ordnung«, verwarnt der Polizist Frau Gruber, »das kostet Sie 20 Euro.« Strahlt Frau Gruber ihn an: »Sie sind wirklich preisgünstig, junger Mann, in der Werkstatt wollten sie 210 Euro für die Reparatur haben.«

Bei Breuers klingelt das Telefon. Seufzend reicht Herr Breuer den Hörer seinem Papagei. »Schon wieder für dich. Der Papagei von gegenüber.«

Frage im Physikunterricht: »Wie erzeugt man einen luftleeren Raum?« Antwort: »Mit einem Fahrrad über Nägel fahren.«

Es klingelt. Anton öffnet. Vor der Tür steht ein wutschnaubender Nachbar: »Ich möchte sofort deine Mutter sprechen.« »Tut mir leid, die ist nicht da.« »Aber ich habe sie eben noch am Fenster gesehen.« »Ja eben, sie Sie auch.«

»Friederike, sag mir mal, stimmt das wirklich, dass du erst 7 Jahre alt bist?« »Ja klar, wieso fragst du?« »Weil ich nur staunen kann, dass man in so kurzer Zeit so schmutzig werden kann.«

Tina geht mit ihren Eltern in den Zoo. Sie stehen vor dem Zebragehege. Am Zaun hängt ein Schild, auf dem steht »Achtung! Frisch gestrichen!«. Tina ist empört: »Ich dachte, die Streifen von den Zebras wären echt!«

Paul kommt zur Pizzeria und bestellt eine Pizza Salami. Nachdem die Pizza fertig ist, fragt der Pizza-Bäcker: »Möchtest du die Pizza in vier oder acht Stücke geschnitten haben?« Paul überlegt kurz und antwortet: » Lieber nur in vier Stücke, ich glaube acht schaff ich nicht.«

»Das traust du dich nie.«
»Doch, ich trau mich.«
»Aber niemals alleine.«
»Doch, ich trau mich alleine.«
»Niemals, Feigling!«
»Komm doch mit, dann beweise ich dir, dass ich mich alleine traue.«

Der Lehrer zu Fritzchen: »Du könntest mal wieder ein Bad vertragen!« Fritzchen: »Aber ich bade doch täglich!« Lehrer: »Dann solltest du mal das Wasser wechseln!«

»Was ist weiter von uns entfernt: Belgien oder der Mond?«
»Belgien, ist doch klar, Herr Schmitz!«, meint Frieda.
»Wieso nicht der Mond, Frieda?«
»Den Mond kann ich sehen, Belgien aber nicht!«

Der Lehrer wütend zu Karl: »Weißt du, wie man dein Gehirn auf die Größe einer Erbse bringen könnte?«
Schüler: »Nein, Herr Demert.«
Lehrer: »Ganz einfach, aufblasen.«

Susi fragt enttäuscht ihren Lehrer: »Herr Kreidel, warum habe ich in Mathe eine Sechs bekommen?«
»Weil es leider noch keine Sieben gibt!«, antwortet Herr Kreidel.

Leonie schreibt im Diktat das Wort »Tiger« klein. Seufzt der Lehrer: »Ich habe doch schon so oft erklärt: Alles, was man anfassen kann, wird großgeschrieben!«
Verwundert fragt Leonie: »Glauben Sie wirklich, ich wäre so doof, einen Tiger anzufassen?«

Martina sitzt in der Schule und hält sich ein Ohr zu. Fragt die Lehrerin: »Hast du Ohrenschmerzen?«
»Nein«, antwortet Martina, »aber Sie haben doch eben gesagt, was bei mir beim einen Ohr reingeht, kommt beim anderen wieder raus!«

Der Stürmer ist nach dem verlorenen Spiel sauer auf den Schiedsrichter und schimpft: »Dem trete ich in den Hintern!« Meint sein Kamerad: »Lass es bleiben – du triffst heute sowieso nicht.«

Warum soll der Stadionrasen des Bundesliga-Absteigers zubetoniert werden? – Damit das Spielniveau nicht noch weiter sinken kann.

Die Bibliothek eines Fußballstars ist ausgebrannt. Er erhält die schlechte Nachricht nach dem Training und meint: »So ein Mist! Das dritte Buch hatte ich noch gar nicht fertig ausgemalt!«

Sagt ein Abwehrspieler zum Trainer: »Mir kam ein Gedanke, wie ich die Mannschaft stärken könnte.«
»Hört sich gut an! Wann verlässt du uns?«

Sagt ein Kannibale zum anderen: »Komm, wir fangen den Franz Beckenbauer – dann gibt's Kaiserschmarren.«

Theo und seine Familie fahren mit dem Zug in den Urlaub. Theo ist es langweilig, er geht im Zug spazieren. Nach einer Weile merkt er, dass er keine Ahnung hat, wo seine Familie sitzt. »Erinnerst du dich denn an gar nichts?«, fragt ihn der hilfsbereite Schaffner. »Doch«, meint Theo, »jetzt erinnere ich mich wieder, vor dem Fenster graste eine riesige Kuhherde.«

Elternsprechtag. Herr Hauser fragt die Lehrerin: »Stimmt es denn wirklich, dass meine Nelly bei allen Lehrern als Wunderkind gilt?« Grinst die Lehrerin: »Stimmt, wir wundern uns alle, wie ein einziges Kind so frech sein kann.«

Was sagte der Baustellenleiter bei der Grundsteinlegung für den Turm von Pisa: »An die Arbeit, Männer. Wird schon schiefgehen!«

»Mein Opa ist viel kahler als deiner!« »Wieso, die haben doch beide kein Haar mehr auf dem Kopf.« »Das schon, aber mein Opa hat den breiteren Kopf!«

»Mia, jetzt ist Schluss. Wie oft hab ich dir gesagt, dass du die Katze nicht am Schwanz ziehen darfst.« »Mach ich überhaupt nicht«, wehrt sich Mia, »die Katze zieht. Ich halte nur fest.«

Geschockt fragt die altmodische Oma Berta ihre Enkelin: »Stimmt es denn, Anna, dass ihr jetzt in der Schule Aufklärungsunterricht bekommt?« »Ja, stimmt, Oma«, sagt Anna, »was möchtest du denn gerne wissen?«

Wie kannst du den Geschmack von Salz verbessern?

Gib einfach Pommes frites dazu.

Marie kommt weinend von draußen rein: »Ich glaub, ich hab einen Holzsplitter im Finger.« Antwortet ihre große Schwester wenig mitfühlend: »Hast dich wohl zu fest am Kopf gekratzt, was?«

Die Lehrerin: »So, Kinder, ihr habt jetzt viel über unser Sonnensystem gehört. Eine abschließende Frage habe ich noch: Was meint ihr denn nun, was wichtiger ist für das Leben auf der Erde, Sonne oder Mond?« »Ist doch klar: der Mond. Die Sonne scheint doch nur, wenn es sowieso schon hell ist.«

Kennst du den Unterschied zwischen Limonade und Zimmer aufräumen?

Limo ist flüssig, Zimmer aufräumen ist überflüssig.

Ein Vogelpaar sitzt im Baum und sieht zu, wie eine Schildkröte einen Baum hochkriecht und versucht zu fliegen. Das gelingt ihr aber nicht. Sie fällt immer wieder runter und versucht es dann noch einmal. Da sagt das Vogelweibchen zu seinem Mann: »Schatz, ich glaube, wir müssen Paula endlich sagen, dass sie adoptiert wurde!«

»Der Zoobesuch fängt ja schon super an«, sagt Kim zu Charlotta.
»Wie meinst du das?«
»Da steht eine Schlange vor der Kasse!«

Geht ein Mann in eine Zoohandlung und sagt: »Ich suche einen Papagei, der singen kann.« Der Verkäufer antwortet strahlend: »Wir haben einen Papagei, der genau Ihren Wünschen entspricht. Sie müssen nur eine Sache beachten: Man muss ihm jeden Sonntag eine Feder vom Po rupfen, sonst kann er nicht mehr singen.« Der Mann kauft den Papagei. Der nächste Tag ist ein Sonntag und der Mann nimmt den Papagei mit in die Kirche. Singt der Pastor: »Ach wenn es doch jeden Tag Sonntag wär ...« Singt der Papagei zurück: »Dann hätte ich am Po keine Federn mehr!«

Die Fischmutter schwimmt mit ihren Fischkindern im Meer an einem U-Boot vorbei. Die Fischkinder erschrecken sehr. »Keine Angst«, sagt die Mutter, »das sind nur Menschen in Dosen.«

Kevin kommt in eine Konditorei: »Bitte einmal Rumkugeln«, bestellt er bei der jungen Verkäuferin. Kichert die: »Aber doch nicht mitten im Laden zur Hauptgeschäftszeit!«

»Hannah, was tust du, wenn du mitten im Urlaub plötzlich einer Schlange begegnest?«
»Ist doch klar, ich stell mich hinten an.«

Der Hahn kommt mit einem Straußenei auf den Hühnerhof. »Alle Hennen mal herkommen!«, ruft er und zeigt vorwurfsvoll auf das Straußenei. »Ich will ja nicht meckern, aber schaut euch bitte mal an, was die Konkurrenz so zustande bringt.«

Was ist schwerer: ein Kilo Federn oder ein Kilo Blei?

Beides ist gleich schwer.

Warum haben Nilpferde so kurze Schwänze?

Damit sie nicht in der Aufzugtür eingeklemmt werden

In welchem Garten gibt es keine Beete?

Im Kindergarten

Was sagte der Tausendfüßler, der zum Geburtstag neue Schuhe bekam?

»Tausend Dank!«

Was macht der Storch, wenn er auf einem Bein steht?

Er überdenkt den nächsten Schritt.

Warum ist Rätselraten gefährlich?

Weil man sich dabei den Kopf zerbricht

Auf welchem Pferd kann man nicht reiten?

Auf dem Seepferdchen

Was ist schlimmer als eine Giraffe mit Halsschmerzen?

Ein Tausendfüßler mit Fußpilz

Welcher Vogel ist der lustigste?

Der Spaßvogel

Klaus hilft in der Gärtnerei aus. »Wohin kommt denn der ganze Mist?«, fragt er den Gärtner. »Der kommt auf die Erdbeeren«, antwortet der. »Wirklich?«, fragt Klaus. »Bei uns kommt immer Schlagsahne auf die Erdbeeren.«

Die Familie geht im Wald spazieren. »Kinder, kommt mal schnell her, da ist ein Ameisenhaufen.« »Gibt's ja nicht«, staunt die jüngste Tochter, »wie kann denn so ein kleines Tier so einen großen Haufen machen?«

Max ist sauer: »Wieso behauptest du einfach, ich hätte viel Geld, das stimmt doch gar nicht.«
Paul verteidigt sich: »Hab ich doch überhaupt nie behauptet. Ich hab nur gesagt, du hättest mehr Geld als Verstand.«

Treffen sich zwei Vögel im Urwald. Sagt der eine: »Oh, hallo, du siehst ja lustig aus. Bist du ein Kakadu?« Der andere antwortet hochnäsig: »Für Sie immer noch Kakasie!«

»Petra, möchtest du lieber ein Brüderchen oder ein Schwesterchen?«
»Och, wenn es nicht zu schwer für dich ist, Mutti, möchte ich am liebsten ein Pony.«

Die 8-jährige Reiterin kommt glücklich mit vier Hufeisen nach Hause. »Guck mal, Mama«, ruft sie, »die hab ich alle heute gefunden. Weißt du, was das bedeutet?« »Ja klar«, antwortet die Mutter: »Draußen läuft jetzt ein Pferd barfuß rum!«

Ein kleines Dorf in den Bergen. Ein fremder Mann tritt in den Dorffriseurladen ein. »Sind Sie zu Besuch hier?«, fragt der Friseur höflich. »Nein, zum Haareschneiden«, ist die Antwort.

Frau Küppers fragt die Lehrerin: »Also, ich weiß gar nicht, wie Sie den dauernden Krach aushalten, den die Kinder alle machen.« »Halb so schlimm«, meint die Lehrerin, »eins der Kinder schreit eigentlich immer so laut, dass man die anderen gar nicht hört.«

»Sag mal, Jupp, rauchen deine Rindviecher?« »Nein.« »Rauchen deine Schweine?« »Nein, natürlich nicht.« »Dann brennt wohl dein Stall.«

Erwin Eilig rennt mit seinem Koffer zum Taxistand, springt ins erste Taxi und brüllt: »Was stehen Sie hier noch so trantütig rum. Ich muss zum Bahnhof, aber zack, zack!« Stottert der Taxifahrer: »Aber wir sind hier doch schon am Bahnhof.« Schnell zieht Erwin Eilig einen 50-Euro-Schein aus dem Portemonnaie und sagt im Aussteigen: »Na bitte, geht doch, diesmal hat's wenigstens nicht so lange wie sonst gedauert.«

Treffen sich zwei Freunde. Kichert der eine: »Ich hab einen neuen Witz gehört, aber ich bin nicht ganz sicher, ob ich ihn dir schon erzählt habe.« Fragt der andere: »Ist er denn gut?« »Ja, sehr gut sogar!« »Dann hast du ihn mir bestimmt noch nicht erzählt!«

Ole springt vom Zahnarztstuhl und schaut den Zahnarzt erwartungsvoll an. »Alles bestens mit deinen Zähnen«, sagt der, »aber den Kaugummi solltest du mal erneuern.«

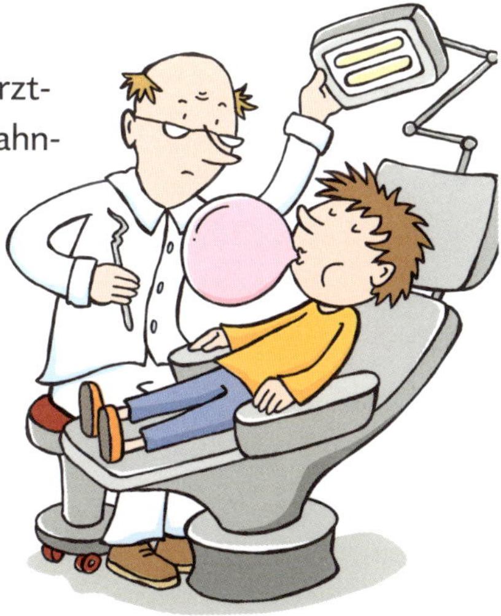

Oljas Mutter sagt: »Olja, wechsel bitte das Wasser im Aquarium!«
Darauf Olja: »Aber die Fische haben das alte Wasser noch nicht fertig getrunken.«

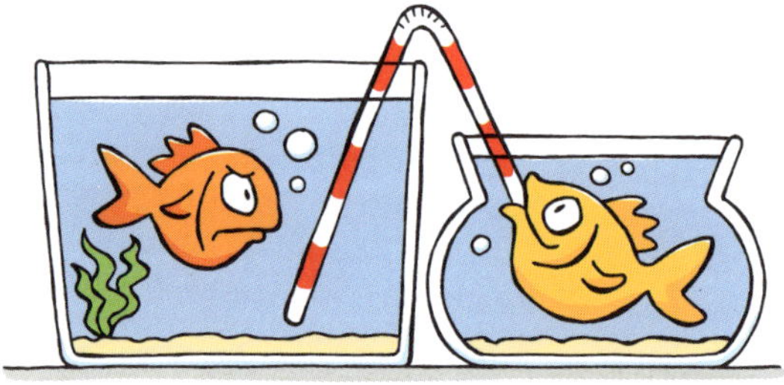

Ein Bär rennt durch den Wald und schreit dauernd: »Kugel, Kugel, Kugel!«
Fragt ein anderer Bär: »Warum schreist du laufend ›Kugel‹?«
Antwortet er: »Ich bin ein Kugelschreibär.«

Treffen sich zwei Hunde auf der Straße. Sagt der eine: »Hallo, ich heiße Bello vom Bellstein! Hast du auch so einen edlen Namen?« Sagt der andere: »Selbstverständlich, ich heiße Runter vom Sofa.«

Treffen sich zwei Eintagsfliegen. Fragt die eine die andere: »Und, was machst du denn morgen?«

Zwei schwer beladene Pferde gehen durch die Wüste. Eines trägt ein Fenster auf dem Rücken. Sagt das Pferd mit dem Fenster auf dem Rücken: »Mir ist so heiß!« Sagt das andere: »Dann mach doch das Fenster auf!«

Wenn drei Maurer fünf Stunden brauchen, um eine Mauer zu errichten, wie lange brauchen dann sechs Maurer für dieselbe Mauer?

Nicht eine einzige, weil die Mauer ja schon steht

Warum hört die Pampelmuse auf zu rollen?

Weil ihr der Saft ausgegangen ist

Was bekommt man, wenn man einen Tiger mit einem Specht kreuzt?

Einen Tiger, der höflich anklopft, bevor er dich frisst

Welcher Zahn beißt nicht?

Der Löwenzahn

Was ist beim Geizkragen das Musikzimmer?

Das Zimmer, wo man die Musikanlage der Nachbarn am besten hört

Was gibt sieben mal sieben?

Ganz feinen Sand

Was ist Wind?

Luft, die es eilig hat

Was kann man nicht zu Mittag essen?

Das Frühstück und das Abendessen

Was sitzt im Wald
auf einem Baum
und ruft »Aha«?

Ein Uhu mit
Sprachfehler

Sechs Anzeichen dafür,
dass bei einem Fußballspiel etwas faul ist:

1. Der Linienrichter trägt einen Schal mit den Farben der gegnerischen Mannschaft.

2. Der Schiedsrichter trägt eine schwarze Brille und eine gelbe Armbinde.

3. Bereits nach einer Viertelstunde sind von der eigenen Mannschaft sieben Spieler vom Platz gestellt worden.

4. Vor das Tor der gegnerischen Mannschaft wird eine Kunststoffscheibe geschoben.

5. Der Torhüter der gegnerischen Mannschaft hat zwei Wachhunde im Strafraum angebunden.

6. Es regnet so stark, dass die Spieler in Schlauchboote steigen.

Erzählt ein Schotte dem anderen: »Gestern wurde nach über 30 Jahren unser Fußballverein aufgelöst.«
»Warum denn das?«
»Der Ball ist kaputt.«

Drei Fußball-Fans unterhalten sich über ihren Verein. Die Mannschaft hat schon lange keinen Sieg mehr errungen. Sagt der eine: »Ich gebe die Schuld dem Manager. Wenn er bessere Spieler verpflichtet hätte, würden wir besser dastehen.« Erwidert der zweite: »Ich gebe die Schuld den Spielern. Wenn die sich mehr anstrengen würden, könnten wir noch was reißen.« Meint der dritte: »Ich gebe die Schuld meinen Eltern. Wenn ich in einer anderen Stadt aufgewachsen wäre, würde ich sicher eine bessere Fußballmannschaft unterstützen.«

»Und, wie ist dein neuer Hund so?«
»Der ist echt super. Jeden Morgen um 7 Uhr bringt er mir die Zeitung rein. Und das, obwohl ich gar keine abonniert habe!«

Was sagt ein Hase bei einem Überfall auf einen Schneemann?
Ist doch klar: »Möhre oder Föhn!«

Vor dem Schimpansenkäfig.
»Du, Papa, was ist eigentlich der Unterschied zwischen diesen Affen und uns Menschen? Augen, Nase, Ohren, Mund, Hände, Füße – alles ist fast genauso wie bei uns.«
»Es ist die Sprache, Malek, sie können nicht so sprechen wie wir. Schau, wenn der Schimpanse da jetzt aufstehen und sagen würde: ›Ich bin ein Schimpanse‹ – dann wäre er ein Mensch.«

In Afrika unterhalten sich zwei Strauße. Der eine fragt den anderen:
»Warum stecken wir eigentlich immer unsere Köpfe in den Sand?«
»Ich weiß nicht, warum die anderen es tun, aber ich suche nach Öl.«

Frau Schulze sagt zweifelnd zu Frau Meier: »Ist Ihre Wohnung wirklich so feucht, wie Sie immer klagen?« »Oh ja«, meint Frau Meier: »Erst gestern haben wir einen Fisch in der Mausefalle gefangen.«

Die sechsköpfige Familie ist bei Oma Berta zu Besuch. »Wie lange wollt ihr eigentlich bleiben?«, fragt sie. »Nur so lange, bis wir dir auf die Nerven gehen«, meint die Mutter. »Ach, so kurz nur!«, meint Oma Berta.

Benni hat Krach mit seiner Schwester. Sagt die Mutter: »Entweder entschuldigst du dich jetzt bei Moni oder du gehst ohne Essen ins Bett.« Fragt Benni: »Was gibt's denn zu essen?«

»Wenn ich vier Eier auf den Tisch lege und du legst noch drei dazu, wie viele Eier sind das dann?«, fragt die Lehrerin Nora. »Also, ich weiß ja nicht, wie Sie das machen«, antwortet Nora, »aber ich kann keine Eier legen.«

Eine Frau sagt im Bus zu ihrem Sitznachbarn: »Nehmen Sie bitte sofort Ihren Hund weg. Ich spüre schon, wie die Flöhe auf mir herumkrabbeln.« Sagt der Mann: »Schnell weg hier, Bello, die Dame hat Flöhe.«

»Marie hat meine Puppe kaputt gemacht!«, jammert Johanna, als Mama nach Hause kommt. »Wann ist das denn passiert?«, fragt Mama teilnahmsvoll. »Als ich sie ihr vorhin über den Kopf gehauen habe.«

»Hübsch, dieser Globus«, schwärmt Tante Tilli im Kaufhaus. »Wenn Sie so einen von Deutschland haben, kaufe ich ihn für meine Nichte.«

Sachkundeunterricht, Thema Straßenverkehr. »Was ist der Unterschied zwischen einem Fußgänger und einem Fußballer?«, fragt der Lehrer. Keiner meldet sich, also fährt der Lehrer selber fort: »Der Fußballer geht bei Rot.«

Tim quatscht ohne Punkt und Komma auf Lena ein. Genervt fragt sie: »Sag mal, kannst du eigentlich subtrahieren?« »Na logisch«, antwortet Tim. »Tatsächlich?«, grinst Lena, »dann zieh mal ab.«

»Kennt ihr einen Vogel, der kein Nest baut?«, fragt die Lehrerin. »Der Kuckuck«, antwortet Nils. »Stimmt Nils, und weißt du auch, warum?« »Weil er doch schon in einer Uhr wohnt.«

Lehrerin: »Wenn du auf einen Stuhl steigst, um die Girlande anzubringen, dann leg das nächste Mal bitte eine Zeitung drunter.«
Schüler: »Nicht nötig, Frau Leimen, ich komme auch so ran.«

Lehrer: »Ich habe dich beobachtet! Du hast auf dem Nachhauseweg meinem Pudel die Zunge rausgestreckt.«
Schülerin: »Das streite ich nicht ab, aber Ihr Hund hat angefangen.«

Die Lehrerin erklärt die Minuszahlen: »Also, wenn 8 Kinder in einem Bus sind und 10 steigen aus, dann müssen 2 Kinder wieder einsteigen, damit 0 Kinder im Bus sind.«

Wartender in der Warteschlange beim Essen: »He, du musst dich hinten anstellen.«
Schüler: »Geht nicht, da steht schon einer.«

Die Lehrerin fragt die neue Schülerin: »Aus welchem Land kommt denn deine Familie, Maria?«
Maria antwortet: »Dominikanische Republik.«
Da bittet die Lehrerin: »Buchstabiere das mal für uns!«
Daraufhin Maria: »Also wenn ich's mir recht überlege, kommen wir eigentlich aus Haiti.«

Meint der Trainer zum neuen Fußballspieler: »Deine Schüsse sind große Klasse – nur die Richtung stimmt noch nicht so ganz!«

Der Pfarrer will einen Gottesdienst abhalten, doch außer dem Messdiener ist keiner da, nicht einmal der Organist. Fragt der Pfarrer: »Spielt denn heute keiner?« Antwortet der Messdiener: »Doch, Deutschland gegen England.«

Eine Fußballmannschaft braucht einen neuen Torhüter. Meldet sich ein Mann beim Trainer: »Ich würde gerne für die Mannschaft im Tor stehen. Dafür verlange ich 5000 Euro monatlich. Allerdings habe ich keine Ahnung von der Sache.«
»Was, du hast keine Ahnung, aber willst 5000 Euro monatlich?«
»Ja, für einen, der keine Ahnung hat, ist das Spiel doch viel härter!«

Ein Fußballspieler muss vor Gericht aussagen. Nach seinem Beruf befragt, antwortet er: »Ich bin der beste Fußballspieler des Landes.« Nach dem Prozess fragt ihn ein Freund: »Wie konntest du so etwas nur vor allen Leuten sagen!« Meint der Fußballspieler: »Na, ich stand doch unter Eid.«

Fragt ein Bauer den anderen erstaunt: »Wo hast du dir denn ein blaues Auge geholt?«

»Ach, die Berta hat beim Melken immer so mit dem Schwanz geschlagen. Da hab ich ihr einen Ziegelstein drangebunden.«

Ein Pferd trabt in eine Kneipe, stellt sich an die Bar und bestellt einen Cocktail. »Was bin ich Ihnen schuldig?«, fragt es den Barkeeper, als es ausgetrunken hat. Völlig verwundert stottert der: »11 Euro.« Kopfschüttelnd fährt er fort: »Das ist wirklich das allererste Mal, dass ich ein Pferd bedient habe.« Antwortet das Pferd: »Bei den Preisen, die Sie hier haben, wird das auch bestimmt das letzte Mal sein.«

Zwei Frösche sitzen am Ufer. Sagt der eine: »Oh nein, es fängt an zu regnen! Schnell, springen wir ins Wasser, sonst werden wir noch nass!«

Die Katze klettert auf den Schoß von Ida. Ida streichelt sie und das Tier beginnt zu schnurren. Erschrocken ruft Ida: »Mami, wo stellt man den Motor ab?«

Lehrerin: »Rudi, wie ist das nur möglich. Vierzehn Fehler auf einer einzigen Seite.«
Rudi: »Das liegt nur daran, dass Sie wie verrückt danach suchen.«

Lehrerin: »Was ist ein Katalog?«
Schüler: »Die Vergangenheitsform von ›Ein Kater lügt.‹«

»Finden Sie nicht«, fragt Tims Mutter beim Elternabend, »dass mein Sohn sehr begabt ist und originelle Ideen hat?«
»Oh ja«, stimmt der Lehrer zu, »vor allem bei der Rechtschreibung!«

Lehrer: »Wie viel ist vier mal vier?«
Schüler: »Das macht zwölf.«
Lehrer: »Wie wäre es mit sechzehn?«
Schüler: »Ja sind wir hier denn in der Schule oder auf einer Versteigerung?«

Lehrer: »Ein Kreis muss immer rund sein, auch an den Ecken.«

Die Lehrerin stellt eine Aufgabe: »Annette, ich gebe deiner Schwester 10 Bonbons. Sie soll dir die Hälfte abgeben. Wie viele Bonbons hat dann jede von euch?« »Meine Schwester 6 und ich 4«, antwortet Annette wie aus der Pistole geschossen. »Aber Annette«, sagt die Lehrerin, »rechne noch mal neu, kannst du denn nicht dividieren?« »Ich schon«, antwortet Annette, »aber meine Schwester doch nicht.«

Trifft eine Kerze eine andere Kerze.
Sagt die eine zur anderen: »Und was machst du heute Abend noch?«
Sagt die andere Kerze: »Ich glaub, ich gehe aus.«

»Mein kleiner Bruder wird Sonntag getauft.«
»Blöder Name!«

Laetizia erzählt ihrer Freundin: »Unser Hund lügt.« Die Freundin sagt zweifelnd: »So ein Quatsch, Hunde können doch gar nicht lügen.« »Aber ich kann es dir beweisen«, meint Laetizia. »Bello, wie machen die Katzen?« »Wau, wau!« »Da siehst du, wie er lügt!«

Merle übt ständig auf ihrer neuen Geige. »Ich wünschte, du würdest bald bei einer dieser Talentshows im Fernsehen auftreten«, sagt ihr kleiner Bruder Merlin. »Ja, das wäre großartig«, sagt Merle geschmeichelt, »aber ich hätte nicht gedacht, dass du dir das auch wünschst.« »Doch«, sagt Merlin eifrig, »dann könnte ich den Ton abstellen.«

Frau Miesel kommt völlig verheult zur Arbeit. »Um Gottes willen, was ist denn los?«, fragt ihre Kollegin. »Ach«, schnieft Frau Miesel, »ich hab eben so ein trauriges Buch gelesen.« »Oje, welches denn?«, fragt die Kollegin. »Mein Sparbuch«, schluchzt Frau Miesel.

Auf dem Schulhof. Herr Poll hat Aufsicht. »Ich habe dich gerufen und du bist nicht gekommen«, sagt er streng zu Moritz. »Ich habe Sie gar nicht gehört«, erwidert Moritz mit treuem Augenaufschlag. »Gut«, sagt Herr Poll, »dieses Mal lasse ich es dir noch mal durchgehen. Aber wenn du mich das nächste Mal nicht hörst, dann kommst du sofort rüber und meldest dich bei mir.«

Herr Helmich erzählt strahlend seinem Nachbarn: »Gestern haben wir im Tierheim diesen wirklich wundervollen Hund für unsere Tochter bekommen.« Der Nachbar freut sich: »Da haben Sie ja einen fantastischen Tausch gemacht.«

Ein fünfjähriges Mädchen taucht am Informationsschalter des riesigen Elektronik-Kaufhauses auf. »Wenn hier in etwa drei Minuten eine total hysterische, schluchzende blonde Frau auftaucht, die behauptet, ihr Kind verloren zu haben, dann schicken Sie sie doch bitte in die DVD-Abteilung.«

Fred Gruber muss ins Krankenhaus. »Haben Sie einen Pyjama?«, fragt ihn Schwester Hilde. Antwortet Fred verwirrt: »Also die Ärztin hat was von Blinddarm gesagt.«

»Wie gefällt es dir denn in der Schule, Martin?«, fragt die Nachbarin.
»Ach eigentlich ganz gut«, meint Martin, »bloß ist halt jedes Mal ein halber Tag futsch!«

»Was ist das für ein Streit im Wohnzimmer?«
»Opa erklärt Papa, wie man meine Schulaufgaben machen muss!«

Ein Erstklässler sitzt vor der Schule.
Lehrer: »Warum gehst du denn nicht nach Hause?«
Schüler: »Weil meine Mama schlechte Laune hat.«
Lehrer: »Und warum hat sie schlechte Laune?«
Schüler: »Weil ich nicht nach Hause komme.«

Religionslehrer: »Was taten die Hebräer, nachdem sie durchs Rote Meer marschiert waren?«
Schülerin: »Sie trockneten sich erst einmal ab.«

Der Lehrer fragt Ida: »Was tust du in der Früh, wenn du aufgestanden bist, als Erstes?«
Ida: »Ich gehe aufs Klo.«
Dann fragt der Lehrer Fritz, den Besten in der Klasse: »Was tust du in der Früh als Erstes, wenn du aufstehst?«
Fritz: »Lesen, Herr Huber.«
Lehrer: »Super! Da könnt ihr alle was vom Fritz lernen. Wie lange liest du denn?«
Fritz: »Bis ich auf dem Klo fertig bin.«

Läuft ein Reh durch den Wald und trifft einen fürchterlich heulenden Hasen.
»Was hast du denn?«, fragt es.
»Der Bär hat gefragt, ob ich fussle, da habe ich Nein gesagt, und dann hat er mich einfach als Klopapier benutzt!«, schnieft der Hase.
Am nächsten Tag sieht das Reh den Hasen an der gleichen Stelle, aber jetzt lacht der Hase sich ins Fäustchen.
Erkundigt sich das Reh, warum der Hase so doll lacht.
»Heute hat der Bär den Igel gefragt!«, antwortet der Hase.

Der Löwe streift durch die Steppe und brüllt eine Gazelle an: »Wer ist hier der König?«
»Du natürlich, edler Löwe«, sagt die Gazelle ängstlich.
Dann trifft er die Giraffe: »Wer ist hier der König?«
Die Giraffe blickt hinunter und sagt vorsichtig: »Du bist der König, starker Löwe.«
Kurz darauf begegnet er dem Elefanten und faucht ihn an: »Wer ist hier der König?«
Der Elefant packt ihn mit dem Rüssel und wirft ihn ins nächste Gebüsch.
Der Löwe rappelt sich auf und murmelt:
»Man wird doch wohl noch fragen dürfen.«

Was tragen Gummibären im Regen?

Gummistiefel

Warum wurde Aschenputtel aus der Fußballmannschaft geworfen?

Sie lief immer vom Ball weg.

Warum haben Elefanten so runzlige Haut?

Weil sie sich so schlecht bügeln lassen

Warum ist das Akkordeon das älteste Musikinstrument?

Weil es die meisten Falten hat

Warum summen Bienen?

Weil sie den Text nicht kennen

Welcher Monat hat 28 Tage?

Alle (außer Februar) haben sogar ein paar mehr.

Warum sind Gewitter nachts besonders gefährlich?

Weil die Blitze da den Blitzableiter nicht sehen können

Wer mag es, wenn andere Leute die Nasen in seine Sachen stecken?

Der Taschentuchfabrikbesitzer

Warum ist das Pferd das lustigste Tier?

Weil es, wo es geht und steht, alles veräppelt

Max kommt von der Schule: »Mami, heute habe ich mich so blamiert: Ich konnte den Äquator nicht finden.«
Darauf die Mutter: »Siehst du, das passiert, wenn man seine Schultasche nicht aufräumt!«

Kerim: »Kennst du den Witz von der Frau, die eine Schere verschluckt hat, und der Mann sagt: ›Macht nichts, dann kaufen wir eben eine neue.‹?«
Banknachbar: »Nein, erzähl mal.«

Lehrer: »Wenn die großen Jungs mit Schneebällen nach euch werfen, dann dürft ihr nicht zurückwerfen, sondern ihr müsst mich rufen.«
Schüler: »Meinen Sie wirklich, Sie könnten besser werfen?«

Lehrer: »Paulina, nenn mir einmal einen berühmten Dichter!«
»Achilles.«
»Aber Paulina! Achilles war doch kein Dichter!«
»Wieso, der ist doch wegen seiner Ferse bekannt.«

»Lars«, ruft Oma entsetzt, »du hast ja schon alle Plätzchen aufgefuttert, hast du denn gar nicht an deine Schwester gedacht.« »Doch, eben, sonst hätte ich ja nicht so schnell gegessen.«

Liegen zwei Schafe auf der Weide. Sagt das eine: »Mäh!« Sagt das andere: »Mäh doch selber!«

Mutter zum kleinen Hans: »Hans, wie siehst du denn schon wieder aus?« Hans: »Ich bin ins Gras gefallen!« »Aber so sieht doch kein Gras aus!« »Doch! Nachdem es die Kuh gefressen hatte!!!«

Nils und Tom spielen Verstecken. »Mama«, ruft Tom aus seinem Versteck, »stimmt es, dass man zu Staub wird, wenn man gestorben ist?« »Ja, genau«, ruft Mama aus dem Wohnzimmer. »Dann ist unter deinem Bett irgendjemand gestorben«, ruft Tom zurück.

»Guten Tag, darf ich mich vorstellen, mein Name ist Kurz.« »Oh, sehr erfreut, mein Name ist auch kurz. Ich heiße Lang.«

»Heute gibt's Wackelpudding zum Nachtisch«, sagt Oma und stellt die Schüssel mit dem wackeligen giftgrünen Inhalt auf den Tisch. »Igitt!«, ruft Marie, »den esse ich nicht, der ist ja noch gar nicht tot.«

Herr Klemmer ist außer sich. »Das kann ja wohl nicht wahr sein«, brüllt er seine Tochter an, »Weihnachten ist gerade zwei Tage her, und du hast es schon geschafft, die neue, teure Kamera zu verlieren.« »Aber Papa«, versucht die Tochter ihn zu beruhigen, »reg dich doch nicht auf. Die Kamera hat doch einen automatischen Sucher.«

Die Klassenlehrerin sagt im Deutschunterricht: »Ich gehe, du gehst, er geht, wir gehen, ihr geht, sie gehen. Jens, kannst du mir sagen, was das bedeutet?« »Tja, ich würde sagen, alle sind weg!«

»Ich bin fix und fertig«, sagt der Polizist zu seiner Frau, »heute hab ich vier Stunden lang den Einbrecher-Oskar vernommen.«
»Und hat er gestanden?«
»Ja, glaubst du, ich hätte ihm auch noch einen Stuhl angeboten?«

Eine kleine Spinne trippelt ins Fundbüro und fragt aufgeregt: »Bitte, können Sie mir helfen, ich habe den Faden verloren!«

Ein Dromedar und ein Känguru tapsen in der Wüste herum. Sand und nichts als Sand, so weit das Auge reicht. Da lässt sich das Känguru erschöpft nieder. Ruft das Dromedar beleidigt: »Immer nimmst du den besten Patz!«

Die Motten-Mama schimpft mit ihren Kindern: »Wenn ihr die alten Hausschuhe nicht aufesst, gibt es auch kein Abendkleid zum Nachtisch!«

Selina trinkt zum ersten Mal saure Milch: »Pfui«, ruft sie, »ich glaube, die Kuh war noch nicht reif.«

Zwei Katzen sitzen vorm Fitnessklub. Kommt eine Mieze vorbei und fragt die beiden: »Auf wen wartet ihr?«
Antworten die Katzen: »Auf den Muskelkater.«

Eine Bundesliga-Mannschaft hat in einer einzigen Saison 80 Gegentore kassiert. Knöpft sich der Vereinsmanager den Torhüter vor: »Wie wär's: Wir geben dir einen Vertrag über 100 000 Euro – wenn du bei der Konkurrenz anfängst!«

Der Psychologie-Professor befragt einen Studenten: »Wie nennt man einen Mann, der eine Minute lang tobt, aufsteht und sich wieder hinsetzt, wild mit den Armen fuchtelt und manchmal anfängt zu heulen?« Antwortet der Student: »Fußballtrainer?«

Ein Fußballspieler wird gefragt: »Versteht Ihr Trainer denn etwas von Fußball?« »Na, und ob! Vor dem Spiel erklärt er uns genau, wie wir gewinnen können, und nach dem Spiel, warum wir verloren haben.«

Wie nennt man Fußballschuhe, die in der Advents-
zeit getragen werden? – Christstollen.

Hans und Helga kommen 15 Minuten zu spät zum Fußballspiel. Hans ist deswegen stinkig. Sagt Helga: »Mach dir nichts daraus. Die Viertelstunde hängen wir einfach hinten dran.«

Zwei Luftmatratzen schwimmen nebeneinander im Meer. Sagt die eine zur anderen: »Pass auf, da vorne kommt ein Haifischschschsch.«

»Was ist Abenddämmerung?«, will die Lehrerin wissen. Antwortet Charlotte: »Abenddämmerung ist, wenn dem Schüler abends dämmert, dass er seine Hausaufgaben noch nicht gemacht hat.«

»Schau doch mal, wie schön weiß deine Bluse mit dem neuen Waschmittel geworden ist.« »Ja schon, aber mit den grünen Streifen hat sie mir eigentlich besser gefallen.«

Laufen zwei Betrunkene auf der Straße.
Sagt der eine zum anderen:
»Lass mich auch mal in die Mitte!«

In den Bergen. Ein Mann rennt wie ein Wahnsinniger hinter einem Bus her. Ein Passant ruft ihm zu: »Den kriegen Sie nicht mehr!« Ruft er zurück: »Aber ich muss, ich bin nämlich der Busfahrer.«

Im Deutschunterricht:
»Frau Pogge, mein Bleistift steckt so fest in meinem Ohr, dass ich ihn nicht mehr rausbekomme.«
»Dann nimm bitte den Füller, Johannes.«

Eine Frau kauft einen gefährlich aussehenden großen Hund. »Er ist ganz zahm«, verspricht der Tierhändler, »Sie dürfen ihn nur NIEMALS an der Nase berühren.« Alles läuft gut, bis die Frau eines Tages die Neugier nicht mehr aushält und den Hund an die Nase fasst. Der Hund springt auf und läuft bellend hinter der Frau her. Die rennt um ihr Leben, Treppe rauf, Treppe runter, den Hund immer auf den Fersen, bis sie nicht mehr kann und der Hund sie erreicht. Er haut ihr mit seiner Pfote auf den Rücken und ruft: »Hab dich, du bist dran!«

»Mama, ich muss mal unter drei Augen mit dir reden!«
»Du meinst wohl unter vier?«
»Nee, eins musst du zudrücken.«

»Was haben Pinguine und Papageien gemeinsam?«, will der Lehrer wissen. Maxim nach reiflicher Überlegung: »Beide können nicht Fahrrad fahren.«

»Sag mal, Britta, wie lange willst du denn noch auf die untergehende Sonne starren?«, fragt Anka beim Urlaub am Meer.
»So lange, bis es zischt«, meint Britta.

Tatjanas Mutter sitzt in der Elternsprechstunde betrübt der Lehrerin gegenüber: »Aber es kann doch nicht sein, dass meine Tatjana zu nichts zu gebrauchen ist.« »Ach, das würde ich so nicht sagen«, meint die Lehrerin beruhigend, »ich kann Tatjana ganz häufig als abschreckendes Beispiel für die Mitschüler gebrauchen.«

Beschwert sich der Gast. »Mein Teller ist ganz feucht!« Antwortet die Bedienung. »Was wollen Sie denn, Sie hatten doch Suppe bestellt, oder?«

Herr und Frau Kogel machen eine weite Reise. Am Tag ihrer Ankunft gehen sie schick essen. Als Frau Kogel am nächsten Tag im Reiseführer blättert, ruft sie entsetzt: »Friedrich, hier steht die Übersetzung von den Fleischgerichten, die wir gestern gegessen haben: Es war alles vom Pferd.« »Na hoffentlich nicht auch das Apfelmus«, meint Herr Kogel grinsend.

»So geht's nicht weiter«, schimpft der Lehrer, »du bist schon wieder eine Dreiviertelstunde zu spät!« »Na und, war denn was besonders Aufregendes los?«

Wenn der Kopf eines Pferdes nach Westen zeigt, wohin zeigt dann sein Schwanz? Nach unten

Was sind Vögel, die auf einer Fernsehantenne sitzen?
TV-Stars

Welche Mausefalle hat fünf Buchstaben? Katze

Was trinken Krokodile am liebsten? Kroka-Cola

Treffen sich zwei Holzwürmer im Käse. Seufzt der eine: »Auch Probleme mit den Zähnen?«

Nabila sagt zu Jana: »Schau mal, da fliegt ein Zitronenfalter!«
»Quatsch. Zitronenfalter sind gelb, und dieser Schmetterling ist doch grün«, sagt Jana.
»Na, dann ist der Zitronenfalter eben noch nicht ganz reif!«

Der Trainer vor einem wichtigen Fußballspiel zur Mannschaft: »Wir erwarten einen harten Gegner, der auf alles tritt, was sich bewegt – da hat unser Mittelfeld ja nichts zu befürchten.«

Deutschland spielt bei der Fußball-Weltmeisterschaft gegen Holland. In der Kabine meint der deutsche Nationaltorhüter: »Geht ihr was trinken – gegen die Holländer nehme ich es alleine auf.« Gesagt, getan. Doch als die Spieler aus der Bar zurückkehren, erfahren sie, dass das Spiel 1:1 ausgegangen ist. Der Nationaltorhüter erzielte den Führungstreffer in der 10., die Holländer den Ausgleich in der 89. Minute. Treffen die Spieler den Torwart und fragen: »Was ist denn passiert?«
»Es hat alles so gut ausgesehen, aber stellt euch vor: In der 11. Minute schickte mich der Schiedsrichter mit einer Roten Karte vom Platz.«

Ein Fußballspieler geht bei einem schlimmen Foul k o. Der Mannschaftsarzt spritzt ihm Wasser ins Gesicht und wedelt ihm mit dem Handtuch Luft zu. Als der Spieler langsam zu sich kommt, meint er: »Echt eine Sauerei, dass wir bei Regen und Sturm spielen müssen!«

Ein Vogelschwarm fliegt in der berühmten V-Formation nach Süden. Für die zwei Jungvögel ist es das erste Mal. Fragt der eine den anderen: »Warum fliegen wir eigentlich alle hinter dem alten Kerl da vorne her?« Sagt der: »Na, ich vermute, dass der die Landkarte hat.«

Tante Christina kommt nach langer Zeit zu Besuch. Lotta steht schüchtern da und sagt kein Wort. »Woran denkst du, mein Mädchen?«, fragt Tante Christina, um das Gespräch in Gang zu bringen. »An gar nichts«, sagt Lotta. »Aber an gar nichts kann man doch gar nicht denken«, meint Tante Christina. »Doch, kann man wohl«, meint Lotta. »Ich hab nämlich an das gedacht, was du mir zum letzten Geburtstag geschenkt hast.«

Es gibt Ärger vor dem Abendessen. Marie fragt Nora: »Wie ist Mama eigentlich draufgekommen, dass du dir die Hände nicht gewaschen hast?« Sagt Nora: »Ich habe vergessen, die Seife nass zu machen.«

»Mein Junge«, eröffnet der millionenschwere Fabrikant Huber seine Ansprache zur Übergabe der Firma an seinen Sohn, »als ich anfing, hatte ich nichts als meine Intelligenz.« Da kommt ein Zwischenruf aus der Zuhörerschaft: »Erstaunlich, wie wenig man braucht, um eine Firma zu gründen.«

Hängen zwei Faultiere nebeneinander am Baum rum. Gähnt das eine. Meckert das andere: »Ich glaube, ich muss mir einen anderen Baum suchen. Mit deiner Hektik machst du mich völlig nervös.«

Bei der Arbeitsvermittlung. »Welche Schulbildung haben Sie?« »Ich bin Analphabet.« »Wenn Sie das bitte buchstabieren würden.«

Sabine guckt ihre Mutter aus großen Augen an. »Mama, hat diese Medizin denn schlimme Nebenwirkungen?«, schnieft sie. »Oh ja«, sagt ihre Mutter, »morgen kannst du wieder in die Schule gehen.«

Treffen sich zwei Schnecken. Die eine sieht schrecklich aus. Erkundigt sich die andere: »Ach du liebes bisschen, Rudolph, wo hast du dir denn das blaue Auge geholt?« »Ach«, sagt Rudolph, »wie ich gestern so friedlich meiner Wege krieche, schießt auf einmal ein Pilz aus dem Boden.«

Lehrer: »Was ist dein Vater?«
Schüler: »Alles was auf den Tisch kommt.«

Schülerin: »Ich bin unschuldig.«
Lehrerin: »Das sagen alle.«
Schülerin: »Da sehen Sie ja selbst. Wenn es alle sagen, dann muss es doch auch stimmen.«

Schülerin: »Wollen wir uns heute Nachmittag treffen?«
Klassenkameradin: »Ja! Sei bitte um 14.00 Uhr beim Springbrunnen im Park.«
Schülerin: »In Ordnung! Und wann kommst du?«

Lehrer: »Warum kann ich behaupten, dass diese drei Punkte auf einer Geraden liegen?«
Schüler: »Weil Sie der Mathematiklehrer sind.«

Lehrer: »Wo ist denn bloß mein Bleistift?«
Schüler: »Hinter Ihrem Ohr.«
Lehrer: »Hör mal, mein Junge, ich habe keine Zeit zum Suchen. Hinter welchem Ohr?«

Der kleine Malek erzählt von seinen Erlebnissen in der Schule. »Papi, heute hat mir einer gesagt, dass ich dir ähnlich sehe.«
»So. Und was hast du getan?«
»Nichts, Papa. Er ist viel größer und stärker als ich.«

Zwei Glühwürmchen treffen sich im Park.
»Wo willst du denn hin?«, fragt das eine.
»Zum Augenarzt«, erwidert das andere.
»Was hast du denn mit den Augen?«
»Sie werden immer schwächer. Stell dir vor:
Gestern habe ich aus Versehen eine brennende Zigarette geküsst!«

Der Kameramann vom Fernsehen hat große Angst, den Tigerkäfig für die Aufnahmen zu betreten. »Seien Sie unbesorgt«, meint der Tierpfleger, »ich habe die drei mit der Flasche aufgezogen.«
Der Kameramann bleibt skeptisch: »Das hat meine Mutter mit mir auch gemacht, aber trotzdem sind Schnitzel heute mein Lieblingsessen.«

Die neue Verordnung verlangt, dass alles Nutzvieh gestempelt wird. Nach einiger Zeit hakt ein Reporter beim Bauern nach, ob die Kennzeichnung seines Nutzviehs ohne Verzögerung vonstattengegangen sei. »Ach«, sagt der Bauer erschöpft, »die Schweine und Rinder zu stempeln, war ja recht einfach. Aber die Honigbienen ...«

Welcher Blitz ist ungefährlich?

Der Geistesblitz

Welcher Fall
tut nicht weh?

Der Beifall

Wenn man es tut, ist es getan. Tut man es nicht, geschieht es doch.

Abtrocknen

Welcher Ring ist nicht rund?

Der Hering

Warum sind Glatzköpfe so friedliche Menschen?

Weil sie sich nie in die Haare kriegen

Was ist rot und bewegt sich auf und ab?

Eine Tomate im Aufzug

Was ist klein, gelb gestreift und macht »Mmus, mmus!«?

Eine Biene im Rückwärtsgang

Was kommt heraus, wenn ein Känguru und ein Elefant zusammen Babys bekommen?

Viele tiefe Bodenlöcher in Australien

Wie tief in den Wald kann ein Fuchs ein Kaninchen jagen?

Bis in die Mitte, dann jagt er es wieder hinaus.

Was sind elf Nationalspieler hintereinander? – Ein Flaschenzug.

Welches ist die kleinste Brauerei der Welt? – Die Nationalmannschaft: nur elf Flaschen.

Warum ist die Nationalmannschaft exakt 2,75 Euro wert? – Ganz einfach: elfmal Flaschenpfand.

Beim Fußballtraining hat einer der Spieler eine dicke Backe. Fragt ihn der Trainer: »Was ist mit dir los? Hast du Zahnschmerzen?«
»Nein, aber letztens hat man mir in der Kabine die Seife geklaut. Das passiert mir nicht ein zweites Mal!«

Eine Fußballmannschaft ist auf dem Flug zu einer Champions-League-Begegnung in Spanien. Einer der Spieler setzt sich in die erste Reihe, obwohl dort kein Platz für die Mannschaft reserviert ist. Der Trainer bittet ihn, sich woanders hinzusetzen, doch der Spieler weigert sich. Meint der Mannschaftsarzt: »Lass mich mal machen.« Er geht zum Spieler hin und spricht kurz mit ihm, worauf dieser sich auf einen anderen Platz setzt. Fragt der Trainer: »Wie hast du das angestellt?« Antwortet der Mannschaftsarzt: »Ich habe ihm einfach gesagt, dass die ersten drei Reihen nicht nach Spanien fliegen.«

Sagt der Lehrer zur Klasse: »50 Prozent von euch können immer noch keine Prozentrechnung!« Meint ein Schüler zum anderen: »So viele sind wir doch gar nicht!«

Lehrer: »Personalausweise müssen von Zeit zu Zeit verlängert werden.« Schülerin: »Wozu eigentlich? Ich finde das Format ganz praktisch.«

Der Lehrer beklagt sich bei den Eltern von Gregor: »Ihr Sohn ist bei allem langsam: Er arbeitet langsam, er liest langsam, er schreibt langsam, er denkt langsam. Gibt es überhaupt etwas, was bei Ihrem Sohn schnell geht?« Sagt die Mutter: »Ja, Herr Meier! Er wird schnell müde.«

»Nenne mir doch mal die Jahreszeiten, Ida«, sagt die Lehrerin. Ida überlegt nicht lange: »Frühling, Herbst und Winter!«
»Aber Ida, wo bleibt der Sommer?«
»Das hab ich mich in diesem Jahr auch die ganze Zeit gefragt, Frau Lehmann!«

Sagt der Lehrer zum Schüler: »Deine Handschrift ist ja miserabel, die kann man überhaupt nicht lesen!«
Schüler: »Machen Sie sich nichts draus, ich schreibe später sowieso mit dem Computer!«

»Herrlich, diese Südsee mit ihren vielen paradiesischen Inseln«, meint die Touristin auf dem Kreuzfahrtschiff zum Kapitän und zeigt auf eine Insel. Dort hüpft ein Mann in Lumpen immer auf und ab und winkt wie verrückt zum Schiff rüber. »Ja«, meint der Kapitän, »hier sind alle Menschen glücklich und freundlich. Sehen Sie nur diesen Mann. Jedes Mal, wenn wir alle zwei Wochen hier vorüberfahren, ist er ganz aus dem Häuschen vor Freude!«

Fragt die Hai-Dame im Sonnenuntergang ihren Freund: »Welche drei Worte würden dich jetzt glücklich machen?« »Mann über Bord«, seufzt der Hai.

Tante Tilli reicht Hanna das Schüsselchen rüber: »Komm, Liebes, nimm doch noch von den selbst gepflückten Himbeeren.« »Nein danke, Tante Tilli«, antwortet Hanna, »zwei reichen. Dann merkt man ja sofort, dass eine wie die andere schmeckt.«

Zwei Pferde unterhalten sich. Fragt das eine: »Wie war dein letztes Springturnier? Hast du es diesmal über das letzte hohe Hindernis geschafft?«
Darauf das andere: »Ich nicht, aber mein Reiter.«

Lehrer: »Guido, zur Strafe schreibst du jetzt hundertmal ›Ich bin ein Faulpelz‹ und lässt das Ganze von deinem Vater unterschreiben.«

Michael schläft im Unterricht ein. Sauer weckt ihn die Lehrerin und faucht ihn an: »Weißt du, was du bist?« Antwortet Michael: »Klar, ein aufgeweckter Junge!«

Lehrer: »Andreas! Wenn vier mal vier sechzehn ist und sechs mal sechs sechsunddreißig – wie viel ist dann sechsunddreißig mal sechsunddreißig?«
Andreas: »Das ist aber nicht gerecht, Herr Neuss. Sich selbst fragen Sie die leichten Sachen und ich muss die schwierigen beantworten.«

Die Lehrerin fragt: »Was versteht man unter Morgengrauen?«
Marie: »Das ist das Grauen, das man jeden Morgen hat, wenn man aufwacht und einem klar wird, dass man in die Schule gehen muss.«

»Wieso hast du denn einen Knoten im Taschentuch?« »Hat mein Vater mir reingemacht, damit ich nicht vergesse, meiner Lehrerin diesen Brief zu geben.« »Und hat's gewirkt?« »Nein, Papa hat heute Morgen vergessen, mir den Brief mitzugeben.«

»Na Schatz, wie war's im Streichelzoo?« »Super, Mama, da rennen ja alle Schimpfwörter lebendig rum!«

Ein Opa überquert mühsam die Straße und wird von einem Auto angefahren. Gott sei Dank ist nichts Schlimmes passiert. »Da haben Sie ja noch mal Glück gehabt«, sagt der Autofahrer erleichtert zu dem Opa. »Wieso Glück, Sie unverschämter Rüpel?«, schimpft der Opa. »Na ja«, sagt der Autofahrer, »heute ist mein freier Tag. Normalerweise fahre ich um diese Zeit ein Walzenfahrzeug für Asphaltarbeiten.«

Immer gibt's Ärger beim Sonntagsfrühstück:
«Hey, Alter, lass mal die Marmelade rüberwachsen!«
»Drück dich anständig aus, wenn du bei uns am Tisch sitzt. Wie heißt das?«
»Okay, Alter, weil du es bist: Kon-fi-türe!«

Im Zoo. »Janina, geh nicht so nah ran an die Eisbären. Du bist ja sowieso schon erkältet!«

»Karla, warum hast du denn deinen Teddybären in den Kühlschrank getan?«, wundert sich Mama. »Du weißt doch, wie gern ich einen Eisbären haben will«, meint Karla.

Die ängstliche Tilda sagt zu Martha: »Ich lasse die ganze Nacht das Licht brennen – wegen der Einbrecher.« »Ach«, sagt Martha, »ich glaube, das ist nicht nötig. Die haben doch meistens Taschenlampen.«

Das Igelkind hat sich verlaufen und irrt durch den Garten. Es gerät ins Gewächshaus, wo die Tür offen steht. Plötzlich stößt es an einen Kaktus und ruft erleichtert: »Mami, hier bist du, ich hab dich schon überall gesucht!«

Lehrer: » Also, Hitze dehnt Dinge aus und Kälte zieht sie zusammen.«
Schülerin: »Deshalb sind im Sommer die Tage länger und im Winter sind sie kürzer.«

Mit Tränen in den Augen und sichtlich empört wendet sich die Schülerin an ihren Lehrer: »Ich bin schließlich auch nicht mit Ihnen zufrieden. Aber habe ich mich schon jemals bei Ihren Eltern darüber beschwert ...?!«

»Ferdinand, was hatten wir denn gestern auf?«, fragt die Lehrerin.
Ferdinand überlegt kurz und sagt dann: »Sie gar nichts und ich eine Pudelmütze.«

Der Lehrer fragt: »Wie viele Menschen leben auf der Welt?«
Keiner meldet sich.
»Nun, beeilt euch mit der Antwort. Je länger ihr wartet, umso mehr werden es!«

Im Schulsekretariat.
Schüler: »Ich habe in der Garderobe ein halbes Brathähnchen gefunden, und das wollte ich abliefern.«
Sekretärin: »Gut gemacht, mein Junge. Wenn sich innerhalb der nächsten sechs Monate niemand meldet, gehört es dir.«

Im Rechenunterricht: »Angenommen, eine Mutter will zehn Äpfel an ihre sechs Kinder verteilen. Wie macht sie das?«
Marie: »Sie kocht Apfelmus.«

Was ist das schwerste Körperteil bei Schülern?
Der Mund: Den müssen sie dauernd halten.

Der Religionslehrer möchte seinen Schülern anschaulich erklären, was ein Wunder ist. Anhand eines Beispiels will er es versuchen: »Ein Dachdecker fällt von einem zwanzig Meter hohen Turm herunter und bleibt unverletzt! Nun? Wie könnte man so etwas nennen?«
»Einen Unfall, Herr Kleiber.«
»Na, schon sehr schön, Lisa. Aber wenn er nun bald darauf von einem dreißig Meter hohen Turm stürzt, und es passiert ihm wieder nichts, naaa?«
»Hmm, dann ist das Glück!«
Noch will der Lehrer nicht aufgeben: »Dann stell dir eben vor, er stürzt danach von einem noch viel höheren Turm, und es geschieht ihm wieder nichts!«
»Also ich würde sagen, dann ist es schon Gewohnheit ...!«

Ist es wahr, dass große Menschen fauler sind als kleine?

Ja klar, sie sind immer länger im Bett.

Warum trägt Erika im strömenden Regen ihren Schirm?

Damit er nicht runterfällt

Was ist dick, gelb und kann nicht Rollschuh laufen?

Senf

Was dringt durchs ganze Haus, ohne eine Wand zu berühren?

Die Stimme

Wie melkt man einen Igel?

Gaaanz vorsichtig

Was sollte man dringend tun, wenn man in der Wüste plötzlich einer Schlange gegenübersteht?

Sich hinten anstellen

Und warum kann man keine Mäuse melken?

Weil kein Eimer drunterpasst

Ein Elefant und eine Maus spielen Fußball. Im Eifer des Gefechts tritt der Elefant auf die Maus. Bestürzt sagt er zu der Maus, die sich mühsam wieder aus der Erde arbeitet: »Entschuldigung! Verzeihst du mir?« Darauf die Maus: »Aber natürlich. Das hätte mir doch auch passieren können.«

Ein Pfarrer läuft durch den Dschungel und sieht sich plötzlich einem hungrigen Tiger gegenüber. Sicher, dass sein letztes Stündchen geschlagen hat, fällt er auf die Knie und betet. Verwundert sieht er, dass auch der Tiger auf die Knie fällt und betet. Gerade will sich der Pfarrer erleichtert davonschleichen, als er den Tiger murmeln hört: »Komm, Herr Jesus, sei unser Gast, und segne, was du uns bescheret hast.«

Der niedergeschlagene Zirkusdirektor ruft alle Artisten zusammen, um ihnen zu verkünden, dass Rico, der motorradfahrende Bär, ausgerückt ist. »Wir haben unsere größte Attraktion verloren«, klagt er. Die Seiltänzerin meint tröstend: »Ach, der wird bestimmt bald wieder eingefangen.« »Glaube ich kaum«, entgegnet der Direktor, »er hat das Motorrad mitgenommen.«

Warum reiten Hexen auf Besen?

Staubsauger wären einfach zu schwer.

Kannst du in vier Sekunden zehn australische Tiere nennen?

Ja, sag einfach: »Zehn Kängurus.«

Was ist besser, als unheimlich blöd zu sein?

Heimlich schlau zu sein

Warum hat der Vogel Strauß so einen langen Hals?

Weil sein Kopf so weit vom Boden entfernt ist

Warum haben doofe Polizisten immer eine Schere dabei?

Damit sie Bankräubern den Fluchtweg abschneiden können

Welcher Hund bekommt nie einen Knochen?

Der Seehund

Sagt Opa Ernst stolz zu seinem Enkel: »Als ich in deinem Alter war, da konnte ich die Namen aller Fußball-Bundestrainer aufsagen.«
»Kunststück – als du in meinem Alter warst, gab es ja nur einen!«

Erster Schultag nach den Sommerferien. Die Lehrerin bittet die Schüler, sich einen nach dem anderen vorzustellen. Linda fängt an: »Ich heiße Linda und bin 10 Jahre alt. Mein Vater ist Postbote.« Nun ist Robert dran: »Ich heiße Robert und bin 11 Jahre alt. Mein Vater ist Verkäufer.« Christoph ist an der Reihe: »Ich heiße Christoph und bin 11 Jahre alt. Mein Vater ist Kloputzer.« Fragt die Lehrerin erstaunt: »Stimmt das denn wirklich?« Stottert Christoph: »Eigentlich nicht ... Mein Vater spielt in der holländischen Nationalmannschaft. Es war mir nur zu peinlich, das zu sagen.«

Zwei Fußballspieler unterhalten sich beim Theorieabend. Meint der eine zum anderen: »Du, der Trainer ist eine ganz schöne Flasche.« Hört der Trainer das Geflüster und meckert: »Nicht vorsagen – Hannes wird schon noch von selbst draufkommen!«

Fragt die Mutter ihren Sohn: »Sag mal: Was würdest du machen, wenn du ganz viel Geld hättest?«
»Ich würde mir ein weißes Fußball-Trikot kaufen.«
»Und dann?«
»Dann würde ich mich damit in eine Pfütze werfen!«

»Der neue Kollege ist wirklich sehr intelligent. Er arbeitet so viel weg wie drei Mitarbeiter!«
»Das nennst du intelligent? Ich würde eher doof dazu sagen.«

Kommt das Huhn ins Frühstückszimmer des Hotels und sagt zum Kellner: »Ich hätte gern einen Eierbecher, einen Löffel, Salz und eine Serviette, den Rest erledige ich selbst.«

Was ist, wenn einer der letzten überlebenden Schwarzfuß-Indianer auf einen Baum steigt?

Dann steht ein Schwarzfuß-Indianer weniger auf der Erde.

Was ist, wenn zwei der letzten überlebenden Schwarzfuß-Indianer auf einen Baum steigen?

Dann sitzt ein Schwarzfuß-Indianer mehr auf dem Baum.

Was ist, wenn fünf der letzten überlebenden Schwarzfuß-Indianer auf einen Baum steigen?

Dann bricht der Ast ab.

Was hat Rücken und Blätter, ist aber weder Tier noch Pflanze?

Das Buch

Was kann man mit den Augen sehen, aber mit den Händen nicht greifen?

Den Nebel

Mit welchem Netz werden keine Fische gefangen?

Mit dem Spinnennetz

Welches ist das nützlichste Tier?

Das Rindvieh – man kann alles von ihm brauchen: die Milch, das Fleisch und sogar den Namen.

Warum weben Spinnen ihre Netze?

Weil sie nicht stricken können

Welchen Kuchen kann man nicht essen?

Pustekuchen

Was kommt einmal im Monat, zweimal im Moment und kein mal in 1000 Jahren vor?

Das M

Welcher Fisch hat vorne einen Elektroanschluss?

Der Kabeljau

In welchen Zug passt nur eine Person?

In den Anzug

Zwei Kühe unterhalten sich über eine dritte Kuh. »Sag mal, warum ist denn die Erna so mager worden?« »Weil sie abergläubisch ist. Sie frisst nur noch vierblättrigen Klee!«

Nachdem der Hai den Windsurfer aufgefressen hat, sagt er: »Prima Futter. Direkt mit Serviette und Frühstücksbrett!«

Die Mutter erklärt Flamur: »Ein Pferd fohlt, die Kuh kalbt und so weiter.«
Fragt Flamur: »Und wann eiert unser Vogel?«

Frau Baumanns erzählt: »Ich wollte meinen Hund erziehen. Er sollte bellen, wenn er fressen will. Hundertmal habe ich es ihm vorgemacht.«
»Ja und? Bellt er jetzt, wenn er fressen will?«
»Nein, aber er frisst nur, wenn ich belle!«

Der erboste Fußballspieler zum Schiedsrichter: »Was würde passieren, wenn ich Sie ein blindes Huhn nennen würde?«
»Nun, ich würde Ihnen die Rote Karte zeigen!«
»Und wenn ich es nur dächte?«
»Das wäre was anderes. Da würde ich nichts tun.«
»Okay, dann belassen wir's dabei.«

Was ist ein Engländer im WM-Finale?
– Schiedsrichter.

Vor dem Spiel an seinem 50. Geburtstag hält der Trainer eine Ansprache vor der Mannschaft: »Wenn ihr dieses Spiel gewinnt, wäre das für mich das schönste Geburtstagsgeschenk.« Flüstert ein Spieler dem anderen zu: »Blöd, dass wir ihm schon ein Buch gekauft haben.«

Unterhalten sich zwei Fußballtrainer. Sagt der eine: »Finden Sie nicht auch, dass Mittelstürmer Müller ein unheimlich gutes Ballgefühl hat?«
»Und ob! Er kann den Ball super gefühlvoll aufpumpen, einfetten und abwaschen – nur schade, dass er ihn nicht ins Tor bringt.«

Der Manager eines Fußballvereins lobt die Spieler: »Ihr spielt mit so breiter Brust, dass es ein wahres Vergnügen ist.«
»Ist es für Sie nicht auch wichtig, dass wir gut spielen?«
»Nein, Hauptsache ist, die Werbefläche ist groß genug!«

Ein Fußballstar beklagt sich beim Arzt:
»Herr Doktor, mir wird immer rot vor Augen.«
»Dann wechseln Sie mal den Schiedsrichter aus!«

Im Chemieunterricht fragt Frau Niebuhr: »Was geschieht mit Gold, wenn man es an der freien Luft liegen lässt?« Die Antwort wird prompt in den Raum gerufen: »Es wird gestohlen ...!«

Lehrerin: »Warum lässt du denn die Luft aus den Fahrradreifen raus?«
Schüler: »Ist doch klar, der Sattel ist zu hoch.«

Lehrerin: »Was ist dein Vater von Beruf?«
Schüler: »Er ist Zauberkünstler, Frau Mikesch.«
Lehrerin: »Interessant! Und was verzaubert er?«
Schüler: »Er zersägt Mädchen in einer Kiste.«
Lehrerin: »Aha! Ist es denn nicht schwer, solche Mädchen zu finden?«
Schüler: »Aber nein, ich habe zu Hause ja noch vier Halbschwestern.«

Der Klassenlehrer ist sauer: »Das ist heute das fünfte Mal in dieser Woche, Leni, dass du zu spät kommst. Was hast du dazu zu sagen?«
Leni: »Es wird diese Woche nicht mehr vorkommen.«

Fritzchen will wissen: »Papa, was wird eigentlich aus einem Fußballspieler, wenn er nicht mehr gut sehen kann?«
»Dann wird er Schiedsrichter.«

Der Sohn eines Fußballprofis kommt aus der Schule nach Hause. Fragt der Vater: »Na, hat es heute Zeugnisse gegeben?«
»Ja, und ich habe eine gute Neuigkeit: Alle anderen müssen die Klasse wechseln, nur mein Vertrag wurde verlängert.«

Ein Fußballstar wird gefragt: »Wissen Sie eigentlich, dass Sie viel mehr verdienen als der Bundespräsident?« »Das kann gut sein – haben Sie den Bundespräsidenten schon mal Fußball spielen gesehen?«

Wie heißt eine neue Spielvariante im modernen Fußball? – Spieler-Mikado: Wer sich als Erstes bewegt, der hat verloren.

Unterhalten sich zwei Ostfriesen. Fragt der eine: »Wie ist eigentlich das Länderspiel England gegen Schweden ausgegangen?«
»0:0.«
»Aha, und wie stand es zur Halbzeit?«

Evi gibt vor ihren Freundinnen an. »Letztes Jahr haben wir eine Weltreise gemacht.« »Toll«, meint Lea, »und wo fahrt ihr dieses Jahr hin.« »Also dieses Jahr fahren wir auf jeden Fall woandershin«, antwortet Evi.

Ein Schwein verirrt sich ins Wohnhaus des Bauern. Im Flur kommt es an einer Steckdose vorbei, bleibt stehen und meint: »Du Armer, dich haben sie wohl eingemauert, was?«

»Ich versteh das nicht, Bastian, wir haben das doch so lange geübt. Wie konntest du nur ›bellen‹ mit einem ›l‹ schreiben?«, meint der Lehrer nach dem Diktat. »Ach, mit meinem neuen Füller war das eigentlich gar kein Problem.«

»Könnten Sie bitte mal den Hund streicheln«, spricht Leonie eine Frau an der Bushaltestelle an. »Gern«, sagt die. »Du hast wirklich einen besonders hübschen Hund.« »Ach, wissen Sie, das ist gar nicht meiner. Ich wollte bloß wissen, ob er beißt.«

Wem darf man ungestraft auf den Kopf hauen?

Dem Nagel

Welcher Peter macht den größten Lärm?

Der Trompeter

Was ist total löchrig und hält trotzdem Wasser fest?

Der Schwamm

Wie geht das Esel-ABC?

IA

Auf welcher Straße ist noch keiner gefahren?

Auf der Milchstraße

Welche Vögel legen keine Eier, obwohl sie selbst einem Ei entschlüpft sind?

Alle männlichen Vögel

Welcher Laden hat keine Waren?

Der Fensterladen

Wie viele Eier gehen in eine große Eierschachtel?

Kein einziges. Eier müssen gelegt werden, sie können nicht gehen.

Wann fliegt ein Vogel nach Süden?

Wenn sein Schwanz nach Norden zeigt

Zwei Pinguine betrachten am Südpol das Thermometer. Meint der eine: »Schau mal, 34 Grad unter null! Vielleicht bekommen wir heute Hitzefrei.«

Sagt der Walfisch zum Thunfisch: »Was soll ich tun, Fisch?« Sagt der Thunfisch zum Walfisch: »Du hast die Wahl, Fisch.«

Eine Frau wohnt im vierten Stock. Am Morgen geht sie zu ihrem Blumenkasten, findet eine Schnecke und wirft sie runter. Nach zwei Jahren klingelt es an ihrer Tür. Die Frau macht auf, und auf dem Boden hockt die Schnecke und schreit: »Was war das denn eben?«

Geht eine schwangere Stute bei Regen zum Arzt. Sagt der Arzt: »Ihr Fohlen ist unterwegs.« Antwortet die Stute: »Mist, bei diesem Wetter!«

Beim WM-Finale fragt ein Zuschauer den anderen: »Sagen Sie mal: Warum rennen die Spieler eigentlich alle dem Ball hinterher?«
»Na, wer am meisten Tore schießt, der wird Weltmeister.«
»Aha, und die anderen?«
»Die nicht.«
»Warum rennen die dann auch so?«

Der Sport-Reporter interviewt einen Fußballspieler: »Was fühlen Sie, wenn Sie mit Ihrem Verein ein Spiel gewinnen?«
»Das kann ich Ihnen leider noch nicht sagen. Ich bin erst seit zwei Jahren dabei.«

Warum fiel das Spiel des Tabellenletzten gegen den Tabellenersten der Bundesliga aus? – Nun, der Tabellenletzte musste erst eine zweistellige Anzeigetafel bestellen.

Altes
Sprichwort:
Eine Schwalbe
macht noch keinen Elfmeter.

Sagt ein Fußballspieler zu seinem Kameraden: »Du, der Schiedsrichter ist doch echt blind ...« Kommt der Schiedsrichter und meckert: »Was haben Sie da gerade gesagt?!« Darauf der Fußballspieler: » ... und taub ist er auch noch.«

Fragt die Lehrerin: »Paula, wo findet man Elefanten?« »Na ja«, meint Paula, »kommt ganz darauf an, wo man sie verloren hat.«

Herr Meier im Fundbüro: »Entschuldigen Sie, ist bei Ihnen vielleicht ein Zwanzig-Euro-Schein abgegeben worden?« »Leider nein, nur ein Fünfzig-Euro-Schein.« »Macht nichts«, meint Herr Meier, »ich kann wechseln.«

In der Fabrik geht das Gerücht um, dass einige Mitarbeiter ihren Job verlieren werden. »Sie brauchen sich keine Sorgen zu machen, dass Sie durch den neuen Computer ersetzt werden«, beruhigt der Vorgesetzte den besorgten Herrn Deuter, »ich habe noch nie von einem Computer gehört, der gar nichts kann.«

Warum öffnen so viele Lehrer das Fenster, wenn sie in die Klasse reinkommen?
Weil es gesünder ist, bei offenem Fenster zu schlafen.

Die Klasse schreibt ein Diktat. Der Lehrer sagt streng: »Jannik, du schaust jetzt schon zum dritten Mal zu Lisa rüber.«
Antwortet Jannik: »Was soll ich denn machen, Lisa schreibt so undeutlich!«

Fragt der Lehrer: »Wer kann mir eine Sage nennen?«
»Die Nibelungensage.«
»Gut, und noch eine.«
»Die Argonautensage.«
»Ja, und wer weiß noch eine?«
»Die Wettervorhersage.«

»Du hast aber komische Strümpfe an«, wundert sich die Lehrerin, »einen braunen und einen roten?«
»Tja, stimmt – und der Witz an der Sache ist: Zu Hause habe ich noch so ein Paar.«

Welcher Richter arbeitet bei keinem Gericht?

Der Schiedsrichter

Was ist der Unterschied zwischen einem Auto und einer Rolle Klopapier?

Ein Auto kann man auch gebraucht kaufen.

Was hat keinen Anfang, aber zwei Enden?

Die Wurst

Welches ist der gefährlichste Sport?

Fußball: Da wird geschossen und geköpft.

Was macht neunhundertneunundneunzigmal tipp und einmal tock?

Ein Tausendfüßler mit Holzbein

Warum gehst du zu Bett?

Weil das Bett nicht zu dir geht

Wie spricht man am besten mit einem angriffslustigen Nilkrokodil?

Per Telefon

Wo wurde Karl der Große zum Kaiser gekrönt?

Auf dem Kopf

Sagt der Trainer nach dem Spiel zum Schiedsrichter: »Das war eine klasse Partie heute – schade, dass Sie sie nicht gesehen haben!«

»Warst du am Samstag beim Pokal-Endspiel?«
»Ich wollte, aber dann habe ich es mir anders überlegt: Diese Menschenmassen, und bis man da einen Parkplatz bekommt ...«
»Verstehe! Meine Frau hat mich auch nicht zu dem Spiel gelassen.«

Die Ehefrau beschwert sich: »So kann das nicht weitergehen! Du rennst zu jedem Fußballspiel und schaust dir jede Sportübertragung im Fernsehen an. Jedes Spielergebnis kennst du auswendig, aber wetten, dass du unseren Hochzeitstag nicht mehr kennst?«
»Aber sicher doch! Das war, als Bayern 3:1 gegen Bremen gewonnen hat.«

Wie stellen sich Fußball-Fans einen romantischen Abend vor? – Fußball gucken bei Kerzenschein.

Der Trainer eines erfolglosen Vereins wird gefragt: »Was ist Ihnen lieber: der Gewinn in der Liga oder Weihnachten?«
»Weihnachten – ist öfter.«

Was benutzt ein kleines
Gespenst in der Schule?
Einen Spukzettel.

Die Lehrerin erklärt der Klasse, dass man nicht »er tut singen« sagt, sondern »er singt«, und dass man auch bei fast allen anderen Verben das »tut« weglässt.
Darauf meldet sich Verena und sagt: »Frau Schreiber, darf ich nach draußen? Mein Bauch weht ...!«

Als Max wieder einmal zu spät kommt, tadelt ihn der Lehrer dafür.
Darauf Max: »Sie ändern Ihre Meinung wohl auch jeden Tag. Gestern haben Sie noch gesagt: Zum Lernen ist es nie zu spät!«

Welcher Bus überquerte
als Erstes den Ozean?

Kolumbus

Auf welchem Kissen kann man nicht schlafen?

Auf einem Stempelkissen

Welches Fieber kann kein Arzt messen?

Das Lampenfieber

In welcher Ader fließt kein Blut?

In der Goldader

Was denkt ein Schornsteinfeger, wenn
er über einen Zebrastreifen geht?

Man sieht mich, man sieht
mich nicht, man sieht mich ...

Was ist grün und hüpft von Ast zu Ast?

Ein Eichhörnchen beim Militär

Wer lebt von der Hand in den Mund?

Der Zahnarzt

Was ist der Unterschied zwischen einem Fußballspieler und einem Fußgänger?

Der Fußgänger muss bei Grün gehen, der Fußballspieler bei Rot.

Was ist noch langweiliger als Angeln?

Beim Angeln zugucken

Familie Meier sitzt beim Mittagessen. Auf einmal sieht Frau Meier, wie Gitte dem Hund ihren Teller hinhält. »Aber Gitte«, sagt sie vorwurfsvoll, »du willst dein gutes Essen ja wohl nicht einfach an den Hund verfüttern.« »Nein, natürlich nicht«, meint Gitte, »ich will nur tauschen!«

»Wir rechnen jetzt schon mit Computern«, verkündet der Erstklässler stolz zu Hause. Die Mutter runzelt die Stirn: »Wie das denn? Das kommt mir aber merkwürdig vor.« Darauf der Erstklässler: »Ganz einfach, Mama. Ein Computer plus zwei Computer gleich drei Computer.«

Uli ist umgezogen und zeigt Petra seine neue Wohnung. »Ist es denn weit bis zur Straßenbahnhaltestelle?«, fragt Petra. »Nur einen Steinwurf«, antwortet Uli. »Back- oder Kieselstein?«

Herr Möllmann auf der Party: »Letzte Woche habe ich mir ein Schloss gekauft.« »Oh, wie wunderbar, wo denn?« »Im Fahrradgeschäft.«

Der Platzwart des FC Bayern München fährt mit dem Rad auf der Straße. Auf jeder Seite des Fahrradlenkers hängt ein Turnbeutel. Da stoppt ein Polizist den Mann und sagt: »He, Sie verlieren jede Menge Zwei-Euro-Münzen – in Ihrem Beutel muss ein Loch sein.«

»Oje, die Münzen muss ich wieder aufsammeln.«

»Woher stammt das Geld denn? Haben Sie vielleicht einen Automaten geknackt?«

»Aber nein, es ist ehrlich verdient. Wissen Sie, ich bin Platzwart des FC Bayern München und wohne direkt am Stadion. Immer wieder kommen die Leute und wollen bei mir in den Garten pinkeln. Da gehe ich mit der Heckenschere hin und sage: ›Zwei Euro oder ab ist er!‹«

»Keine schlechte Idee! Und was ist in dem anderen Beutel?«

»Na ja, es bezahlen nicht alle ...«

Der Deutschlehrer fragt: »Heißt es ›der Monitor‹ oder ›das Monitor‹?« Fritzchen antwortet schlau: »Normalerweise heißt es ›der Monitor‹. Wenn Moni ein Tor schießt, ist es aber ›das Monitor‹.«

Ein Vogel fliegt über einer Autobahn. Da kommt ihm ein Auto entgegen und er klatscht an die Fensterscheibe. Der Autofahrer pflegt ihn in einem Käfig gesund. Wacht der Vogel auf und sagt: »Oje, jetzt bin ich im Gefängnis, wahrscheinlich ist das Auto tot.«

Wie viele Beine hat ein Pferd?
4!
Falsch! 12!
Vorne 2, hinten 2, rechts 2,
links 2 und eins an jeder Ecke.

»Warum bist du auf diese Schnecke getreten, Tim?«
»Ich habe sie nicht gesehen. Sie kam von hinten und hat mich überholt!«

Zwei Pferdebesitzer unterhalten sich. Sagt der eine: »Ich kann meine zwei Pferde einfach nicht unterscheiden.« Der andere hat einen Tipp: »Miss doch einfach, wie groß sie sind.« Einige Zeit später treffen sie sich wieder: »Und, kannst du deine Pferde jetzt unterscheiden?« »Ja, das war ein Supertipp von dir. Das schwarze ist ganze 12 Zentimeter größer als das weiße.«

Zwei Fliegen krabbeln auf einem Globus herum. Als sie sich zum zweiten Mal begegnen, sagt die eine zur anderen: »Wie klein die Welt doch ist!«

Gehen eine Maus und ein Elefant über eine Hängebrücke.
Fragt der Elefant: »Warum wackelt denn die Brücke so?«
Sagt die Maus: »Ich habe heute meine schweren Stiefel an.«

Zwei Pudel stehen vor der Metzgertür. »Kommst du mit rein?«, fragt der eine.
»Aber hier steht doch ›Für Hunde verboten!‹«
»Aber woher sollen die denn wissen, dass wir lesen können?«

»Papa, unser Lehrer sagt,
wir stammen von den Affen ab.«
»Ich nicht. Du vielleicht!«

Im Zoo schneiden die Besucher vor dem Affenkäfig allerhand Grimassen, um die Aufmerksamkeit der Affen zu erregen. Sagt der Affe zu seinem Sohn: »Ist doch gut, dass die alle hinter Gittern sind!«

Was fängt mit Z an, saugt Blut und kann fliegen?

Zwei Fledermäuse

Welcher Hase läuft auf zwei Beinen?

Der Angsthase

In welche Tasche kann man nichts stecken?

In die Plaudertasche

Was für Steine liegen in der Mosel?

Nasse Steine

Wen hast du gern und trittst ihn trotzdem?

Den Fußball

Lehrerin: »Jemand kauft eine Wurst für 4 Euro 40, verkauft sie wieder für 3 Euro 90. Hat er nun Verlust gemacht oder Gewinn?«
Schülerin: »Bei den Euros hat er leichten Verlust gemacht, aber bei den Cents hat er richtig was gewonnen.«

In der ersten Klasse ist Rechenunterricht. Frau Malte bringt ein Beispiel aus dem Leben: »Emil, wenn dir deine Mutter zwei Butterbrote mitgibt und du isst eines davon, was hast du dann noch?«
»Dann habe ich immer noch einen Mordshunger, Frau Malte!«

Was ist der Unterschied zwischen einem Saxofon und einem Paket Mehl?

Blas doch mal rein, dann weißt du es.

Was ist der Unterschied zwischen einem Bäcker und einem Teppich?

Der Bäcker muss um 4 Uhr aufstehen, der Teppich kann liegen bleiben.

Wie kann man Schweinefleisch am besten frisch halten?

Indem man das Schwein am Leben lässt

Was haben ein Baby und gefrorenes Wasser gemeinsam?

Beide können nicht laufen.

Warum hat der Fisch keine Haare mehr?

Weil er nichts gegen seine Schuppen getan hat

Was macht ein Glaser ohne Glas?

Er trinkt aus der Flasche.

Was steht auf einem Bein und ist grün?

Ein Frosch im Ballett

Treffen sich eine Null und eine Acht. Sagt die Null zur Acht: »Schicker Gürtel!«

Die Familie sitzt im Zirkus. Die älteste Tochter kommt zu spät und drängt sich an ihrem Vater vorbei zum frei gehaltenen Platz. Er zuckt zusammen und sagt »Autsch«. »Hab ich dich getreten?«, fragt sie in entschuldigendem Ton. »Nachdem der Elefant schon in der Manege ist und Kunststücke macht, wirst du es wohl gewesen sein«, antwortet er.

Text: Ute Löwenberg, Philip Kiefer
Illustration: Charlotte Wagner

ISBN 978-3-8458-0731-7

www.arsedition.de

FSC
www.fsc.org
MIX
Papier aus verantwortungsvollen Quellen
FSC® C107574